AF189095

Hamburg

Der perfekte Reiseführer für einen unvergessli-chen Aufenthalt in Hamburg inkl. Insider-Tipps, Tipps zum Geldsparen und Packliste

Larissa Schüder

✈ INHALT

Das erwartet Sie in diesem Buch

Fast 100.000 Menschen pro Jahr wählen diese Stadt als ihre neue Heimat. Eine unglaubliche Zahl. Erleben Sie mit uns eine Weltstadt aus der Perspektive der Menschen, die dort leben. Denn zwischen Musical-Hauptstadt und den Landungsbrücken liegt so viel mehr. Begleiten Sie uns auf einer Reise durch das Tor der Welt und entdecken Sie, was unsere Perle so besonders macht. Greifen Sie im Planetarium nach den Sternen und verbringen Sie eine Nacht voller Musik und Tanz in den angesagtesten Bars der Szene. Lassen Sie sich mitreißen von einem Gefühl von Gelassenheit und Entspannung trotz Arbeitsalltag und Rush Hour. Erleben Sie die Flohschanze und das laute Gebrüll der Marktschreier auf dem traditionellen Fischmarkt. Wandeln Sie durch alte Tunnel und entdecken Sie eine Miniaturstadt der Superlative.

Diese Weltstadt übertrifft sich selbst immer wieder. Mit einer Fläche von 755 km² und 1,81 Millionen Einwohnern ist sie die größte Stadt Europas, die keine Hauptstadt ist. In 7 Bezirke und sage und schreibe 104 Stadtteile ist die Hansestadt aufgeteilt. Ihre Bewohner sind weltoffen und empfangen jeden Besucher mit offenen Armen. Eine Metropole, die wie keine andere zwischen Megaparty des Jahres und Abschalten in grünen Oasen so viel zu bieten hat, dass ein Leben vermutlich nicht ausreicht, um alles gesehen und erlebt zu haben.

Von der Elbe bis zur Alster werden Sie gefesselt von der Harmonie der unterschiedlichen Kulturen und der Schönheit des Hafens. So manch Katastrophe suchte den Stadtstaat heim, doch jedes Mal baute sie sich wie ein Phönix aus der Asche wieder auf. Ihre Einwohner kämpfen für den Erhalt von

Straßen und Wohnhäusern. Diese Stadt lebt und das mit Leidenschaft. Das werden Sie an jeder Ecke spüren.

Ahoi und herzlich willkommen in der Perle des Nordens. Willkommen in Hamburg.

LARISSA SCHÜDER

Hamburg, meine Perle

EINE STADT SO VIELSEITIG WIE IHRE GESCHICHTE

Bei Ausgrabungen am Speersort wurden Ruinen eines Dorfes aus dem 9. Jahrhundert namens Hammaburg entdeckt. Hieraus sollte sich später die Weltstadt Hamburg entwickeln. 1188 wurde die Neustadt errichtet und 1189 erhielt die aufstrebende Stadt einen Freihandelsbrief, welcher besondere Handels- und Stadtrechte enthielt. Damit wurde Hamburg zu einem zentralen Handelsplatz und wichtigen Wirtschaftsstandort im Norden. Jedes Jahr wird dieser Tag mit dem Hafengeburtstag gefeiert. Über eine Million Besucher jährlich zählt dieses einzigartige Event. Später stellte sich das Dokument jedoch als Fälschung heraus. 1216 wurde die historische Altstadt mit der Neustadt vereint.

Bei dem großen Hamburger Brand von 1842 entzündete sich ein Feuer in der Deichstraße, das mehrere Tage wütete und die halbe Stadt zerstörte. Das Hamburger Rathaus und der Michel fielen unter anderem den Flammen zum Opfer. Die Straße Brandsende markiert das letzte brennende Haus des großen Brandes von Hamburg.

Ein weiterer Meilenstein in der Geschichte der Hansestadt ist der Bau der Speicherstadt im Rahmen des Zollanschlusses. Mit dem Bau der Kontorhäuser 1883 legte die Stadt den Grundstein für das 40. UNESCO Weltkulturerbe. 1927 wurde der weltgrößte Lagerkomplex fertiggestellt. 1888 wurde ein Teil des Hamburger Hafens zum Freihafen. Dieser entwickelte sich dann zu einem der größten Häfen in Europa.

1937 vergrößerte sich Hamburg schlagartig durch die Eingemeindung von 30 neuen Stadtteilen. 1938 erfolgte der Ausruf der Einheitsgemeinde Hansestadt Hamburg. Der kurz darauffolgende zweite

Weltkrieg bedeutete für Hamburg die schlimmste Zerstörung einer deutschen Stadt während des Krieges. Die Operation Gomorrha im Jahr 1943 sollte Hamburg zur Hälfte zerstören. Heute erinnert ein Mahnmal an die verheerenden Angriffe.

Während Ihres Aufenthalts in Hamburg werden Ihnen noch viele weitere spannende Fakten rund um die Hafenstadt begegnen. Halten Sie Augen und Ohren offen, denn viele Gebäude und Einrichtungen sind Zeugen einer Zeit, die lang vor unserer liegt.

ANREISE

Die Hamburg-CARD:
Die Hamburg-Card ist ein Ticket, mit dem Sie sich mit Bus, Bahn und Hafenfähren im gesamten Gebiet AB frei bewegen können. Dabei entscheiden Sie, an wie vielen Tagen das Ticket benötigt wird. Ein Vorteil sind dabei die 150 Rabattpartner im Bereich Gastronomie, Museen, Musicals, Souvenir, Theater oder Stadtrundfahrten, bei denen Sie bis zu 50 % sparen können. Wer auch außerhalb der Ringe AB Hamburgs Außenstadtteile bewundern möchte, ist mit der Hamburg CARD plus Region gut beraten. Zusätzlich zu den 150 Rabattpartnern erhalten Sie hier

freie Fahrt für Bus, Bahn und Hafenfähren im gesamtem Hamburger Großraum ABCDE. Dieses Ticket ist allerdings nur als Tages- oder 3-Tagesticket erhältlich. Wer nur mit dem Auto oder dem Rad Hamburg erkunden möchte, profitiert von der Hamburg CARD light. Diese enthält alle Rabatte bei den ausgewählten Partnern, schließt aber die Benutzung von Bus, Bahn und Hafenfähre aus.

Die Hamburg-CARD können Sie vor Ort an Tourismusinformationen, zum Beispiel im Hauptbahnhof oder an den Landungsbrücken, am HVV-Fahrkartenautomaten, Servicestellen oder Bussen oder aber auch in vielen Hotels und Pensionen sowie Jugendherbergen erhalten. Sprechen dazu gerne das Servicepersonal an. Wer gerne alle Unterlagen vor Reiseantritt beisammen hat, kann ganz bequem das Ticket als Handy-Ticket oder print@home zu Hause erhalten.

Für weitere Informationen besuchen Sie: https://www.hamburg-tourism.de/buchen/hamburg-card/

Anreise mit dem Zug:

Hamburg besitzt vier Fernbahnhöfe. Das ist der Hamburger Hauptbahnhof, Hamburg- Altona, Hamburg-Harburg und Hamburg Dammtor. Aus vielen großen deutschen Städten führen Direktverbindungen mit dem ICE in die Hansestadt. Wer etwas ländlicher wohnt, wird eine S-Bahn zum nächstgrößeren Bahnhof nutzen müssen. Doch ist so eine Reise ohne lästigen Stau möglich. Nutzen Sie die Zeit und blättern Sie noch einmal durch das Buch, welches Sie jetzt in den Händen halten und genießen Sie die entspannte Reise und das Vorbeiziehen der Landschaft. Vom Bahnhof in Hamburg bringen Sie Taxi oder andere öffentliche Verkehrsmittel, die eng vernetzte Straßenbahn oder der Bus, zu Ihrer Unterkunft.

Reisen Sie aus Niedersachsen, Schleswig-Holstein oder Mecklenburg-Vorpommern an, können Sie mit dem Länderticket der Deutschen Bahn eine Menge Geld sparen. Eine Anreise bis Hamburg Hauptbahnhof ist damit möglich, eine Weiterfahrt innerhalb Hamburgs allerdings nicht. Um weiterhin möglichst kostengünstig und flexibel weiterzukommen, empfiehlt sich die Hamburg-Card. Gültig für den Großraum Hamburg können Sie ganz entspannt Hamburg erkunden.

Hätten Sie es gewusst? Der Tourismus in Hamburg bietet auch Pauschalangebote für Besucher der Stadt an. So gibt es kombinierte Angebote, die einen Musical-Besuch, Hotel sowie die Anreise der Bahn enthalten. Ein Preisvergleich lohnt sich hier besonders.

Anreise mit dem Bus:

Busfahren ist heute nicht mehr öde und unbequem. Viele bekannte Anbieter von Busreisen verstehen es, eine Reise möglichst angenehm zu gestalten. Beinfreiheit und Sitzplatzgarantie gehören zu dem Komfort, der sich auch mit einem kleinen Budget leisten lässt. Dazu gehören auch der meistens kostenfreie WLAN-Zugang und Steckdosen an Bord der Transporter. Tauschen Sie sich mit Mitreisenden aus, genießen Sie während der Fahrt ein gutes Buch oder entspannen Sie sich bei guter Musik und genießen die vorbeiziehende Landschaft. Das alles ist möglich mit einer Anreise per Bus.

Anreise mit dem Auto:

Wer auf sein eigenes Auto nicht verzichten möchte, kann einfach über 4 Autobahnen oder 7 Bundestraßen nach Hamburg reisen. Autofahrer sollten sich allerdings aufgrund von Bauarbeiten oder hin und wieder auch Unfällen auf Staus vorbereiten. Anreisende aus dem Westen Deutschlands landen über die A1 direkt in Hamburg. Sie führt über das Saarland nach Rheinland-Pfalz, anschließend über Nordrhein-Westfalen direkt nach Hamburg.

Kommen Sie aus dem Süden Deutschlands empfiehlt sich die A7, die direkt von Österreich bis nach Dänemark und durch Hamburg verläuft. Eine weitere Verbindung stellt die A23 dar, die einen direkten Weg zwischen Heide und Hamburg schafft. Eine weitere direkte Verbindung ist die A24, ein direkter Weg von Hamburg nach Berlin. Für eine reibungslose Fahrt empfiehlt sich der Einsatz eines aktuellen Navigationsgerätes, das Sie sicher durch Baustellen und eventuelle Staus leitet. So kann dem Roadtrip in die schönste Stadt des Nordens nichts im Weg stehen.

Anreise mit dem Flugzeug:

Eine gern genutzte Variante und besonders für Anreisende aus deutschen Großstädten mit eigenem
Flughafen ist die Anreise per Flugzeug eine Überle-
gung wert. Hamburgs Flughafen liegt sehr zentral,
sodass die gebuchte Unterkunft mit einem Leihwa-
gen, Taxi oder den öffentlichen Verkehrsmitteln entspannt erreicht werden kann. Der höhere Preis, gerade bei Inlandsflügen, steht gegenüber einer massi-
ven Zeitersparnis. So dauert ein Flug zwischen
Frankfurt und Hamburg nur knapp eine Stunde.
Über 60 Fluggesellschaften starten und landen in
Hamburg und bieten Direktflüge in über 100 Städte
an.

HAMBURG ERLEBEN

Hafengeburtstag: Mit der größten Hafenparty der Welt feiern die Hamburger den Geburtstag ihres Hafens, denn im Jahr 1189 erhielt die Stadt einen Freihandelsbrief vom römisch-deutschen Kaiser Friedrich Barbarossa. Er ist die Grundlage der erfolgreichen und freien Hafenstadt wie wir sie heute kennen. Seit diesem Tag feiern die Stadt und ihre Bewohner jedes Jahr im Mai diesen besonderen Tag. Ein Spektakel ohne Gleichen, das über eine Million Besucher aus dem In- und Ausland in den Bann zieht. Der Beginn der Feierlichkeiten läutet eine Parade mit rund 300 Schiffen ein, die entlang der Elbe vom Bubendey-Ufer vorbei an der „Rickmer Rickmers" in den Hamburger Hafen einlaufen. Der Bürgermeister hält auf dem historischen Schiff die Eröffnungsrede - der Startschuss für ein ausgelassenes und feierliches Wochenende. Jedes Jahr erwarten Sie verschiedene Programmhighlights. Ein internationaler ökumenischer Eröffnungsgottesdienst im Michel verdeutlicht die Weltoffenheit der Stadt. Das Schlepperballett ist eine ganz besondere Show. Die sonst zum Bugsieren und Ziehen von großen Schiffen verwendeten Schleppschiffe präsentieren ihr Können im

Hafen und führen eine speziell einstudierte Choreographie auf. Die bunte Hafenmeile lädt anschließend zum Landgang ein. Hier können Sie sich durch kulinarische Angebote schlemmen, zu einer der vielen Live-Acts ausgelassen tanzen oder ein Souvenir an einem der Handwerkerstände ergattern. Am Samstagabend verzaubert das große AIDA-Feuerwerk Groß und Klein. Doch Sie sollten pünktlich sein. Dieses Highlight lassen sich nur wenige Menschen entgehen. Mit der großen Auslaufparade am Sonntagabend endet dann die wohl größte und schönste Geburtstagparty, auf der Sie je waren.

Hätten Sie es gewusst? Wer während des Getümmels ein wenig zur Ruhe kommen möchte, findet auf der Terrasse des Unilever Hauses am Strandkai ein ruhiges Plätzchen. Bei einer Tasse Kaffee kann man sich am Wasser entspannen und den Hafen und die Schiffe beobachten.

Wachsfigurenkabinett Hamburg: Ein weiteres Highlight in der Hafenstadt ist das Wachsfigurenkabinett Hamburg. Sie finden das Panoptikum in einer Seitenstraße zur Reeperbahn. Es ist das älteste Wachsfigurenkabinett in Deutschland. Seit 1879 versetzt das Familienunternehmen auf vier Etagen die neugierigen Besucher in Staunen. Auf über 700 m² werden 120 Personen des öffentlichen Lebens detailgetreu ausgestellt. Lassen Sie sich mit Persönlichkeiten wie Angela Merkel, Karl Lagerfeld oder Queen Elisabeth ablichten, denn fotografieren ist in der Ausstellung ausdrücklich erlaubt. Sie bekommen hier aber nicht nur was zu sehen, sondern auch spannende Fakten zu den einzelnen Persönlichkeiten mit dem Audioguide auf die Ohren. Nicht nur Menschen aus dem täglichen Leben dienten als Vorlage für die außergewöhnlichen Kunstwerke. Entdecken Sie in der Gruselecke erstaunliche Kuriositäten und im anatomischen Kabinett eine ganz andere Art von Wachsfiguren.

Panoptikum – Spielbudenplatz 3 – 20359 Hamburg

Eintritt: Erwachsene 6,50 EUR | Kinder 4,50 EUR | Schüler, Studenten 6 EUR | Ermäßigung mit Hamburg CARD

Das Karoviertel und die Sternenschanze: Die Schanze - berühmt und berüchtigt und teilweise als gefährlich gilt der Stadtteil in Hamburg Altona. Doch die linksausgerichtete Mentalität der Schanze gehört genauso zu Hamburg wie die Reeperbahn. Der Stadtteil erfährt eine Gentrifizierung und wird mit der Zeit immer hipper und angesagter. Es ist ständig im Wandel. Gefühlt täglich eröffnen neue Bars, Restaurants und Geschäfte. Ein buntes Treiben kann man von einem der Cafés in der Sternenschanze beobachten. Die Rote Flora auf dem Schulterblatt der Sternenschanze jedoch ist ein Original und gleichzeitig das Kulturzentrum des Schanzenviertels. Es hält seit Jahren erfolgreich den Besetztstatus, nachdem das Musical „Das Phantom der Oper" in dem ehemaligen Theater aufgeführt werden sollte und eine politische Bewegung dies zu verhindern wusste.

Gegenüber der Roten Flora befindet sich die Susannenstraße. Die Läden, die sich dort niedergelassen haben, sehen von außen eher unscheinbar aus. Doch wagen Sie den Schritt, treten Sie ein und nehmen Sie sich ausreichend Zeit, um die in den Wohnungen eingerichteten Geschäfte genau zu durchforsten.

Vom Schanzenviertel gehen Sie direkt rüber ins Karoviertel. Bei einem Bummel durch die Weltstadt landen Sie beinahe automatisch dort. Das Karolinenviertel ist bunt und einladend. Es ist kreativ und steht für einen alternativen Lebensstil. Es ist eine Fundgrube für Waren jeglicher Art. Die einladende Marktstraße ist das Zentrum des Künstlerviertels und begeistert jeden mit der Vielfalt an Geschäften, Bars und Restaurants. Außergewöhnliche Mode und selbst hergestellte Handwerkskunst - auch Sie werden mit Sicherheit fündig in einem der inspirierenden Einkaufsmöglichkeiten.

Die Einwohner des Viertels machten sich stark für das Karolinenviertel, das mit seiner Nähe zum Messegelände dem Zweck der Vergrößerung eben dieses beinahe zum Opfer gefallen wäre. Heute locken die malerischen Straßen neugierige Besucher an. Kunstliebhaber finden im Atelier Schlumper eine besondere Art von Kunst. Ein Verein setzt sich hier für die künstlerische Arbeit von Menschen mit körperlichen und geistigen Einschränkungen ein.

Das Karoviertel erreichen Sie mit der U3 Station Feldstraße oder U2 Station Messehalle. Eine Anfahrt mit der Buslinie 3 ist ebenfalls möglich.

Hamburger Dom: Spiel, Spaß und Nervenkitzel - das verspricht der Hamburger Dom seinen Besuchern. Der Name "Hamburger Dom" stammt aus dem 13. Jahrhundert. Händler, Gaukler und Handwerker suchten bei „Schietwetter" Schutz in der ersten Kirche Hamburgs - dem Hamburger Dom St. Marien. Anfang des 18. Jahrhunderts wurde der Dom abgerissen, doch der traditionelle Weihnachtsmarkt fand trotzdem auf dem nahegelegenen Gänsemarkt statt. Seit 1892 lädt die Stadt dreimal im Jahr für je vier Wochen zur großen Kirmes ein. Das Frühlingsfest (Frühlingsdom im März), das Hummelfest (Sommerdom im Juli und August) und der Weihnachtsmarkt (Winterdom im November) locken über 7 Millionen Menschen im Jahr in den Stadtteil St. Pauli.

Die DOM-Meile auf dem Heiligengeistfeld misst eine Länge von über 1,6 km. Auf 160.000 m^2 sorgen Spielgeschäfte, Schaustellerbetriebe, Fahrgeschäfte, Automatengeschäfte und Schießgeschäfte für Spaß und Unterhaltung. Höhepunkt des größten Volksfestes des Nordens ist das imposante Feuerwerk, das jeden Freitag um 22:30 Uhr gezündet wird. Die neuste Attraktion ist die Hamburger Geisterfabrik. Auf 5 Etagen begeistert die größte transportable

Geisterbahn der Welt mit interaktivem Shooter und Flugsimulator.

Bitte achten Sie darauf, dass Hunde auf dem Gelände des DOMs nicht gestattet sind. Ausgenommen davon sind ausgewiesene Blinden- und Diensthunde.

Nachtflohmarkt Sternbrücke: Das Hamburger Nachtleben präsentiert sich einmal im Monat auf seine ganz besondere Art und Weise. Das Hamburger Original, der Nachtclub Fundbureau auf der Schanze, öffnet einmal im Monat seine Türen für Trödelsammler. Zusammen mit den Clubs Waagenbau, Astra-Stube und Wasserschaden teilen sich die Veranstalter die Veranstaltungsfläche. Wer nicht heute dabei ist, ist es morgen. Dies wird relativ spontan entschieden und rechtzeitig auf der Facebookseite des Fundbureau bekanntgegeben. Der Eintritt ist frei. Ab 19:00 Uhr beginnt die Schnäppchenjagd. Die zahlreichen Bars auf der Schanze eignen sich besonders für einen kurzen Absacker nach dem erfolgreichen Stöbern.

Nachtflohmarkt Sternbrücke – Stresemannstraße 114 – 22769 Hamburg

Weitere Veranstaltungen: Hamburg schläft nie und der Veranstaltungskalender der Stadt ist gefüllt mit allerlei Veranstaltungen. Jedes Wochenende findet eine andere große oder kleine Veranstaltung in einem der 104 Stadtteile statt. Besuchen Sie www.hamburg-tourismus.de und finden Sie heraus, welche Veranstaltungen in Ihren Reisezeitraum fallen. Straßenfeste, Festivals, Kultur, Film, Theater, Musicals und Sportevent - für jeden ist etwas dabei in dieser einzigartigen Stadt voller versteckter Freuden.

„SHIETWETTER"

So bezeichnet ein waschechter Hamburger das Regenwetter. Ein Besuch in der Hansestadt wird vor allem durch das Wetter bestimmt. Orkanartige Böen sind für die Nordlichter gerade mal ein Lüftchen. Wetterfeste Kleidung und die Vorbereitung auf regnerische oder auch sonnige, stürmische Tage ist ein Muss bei einer Reise in den Norden. Das ist Hamburg, wie wir es lieben. Echte Nordlichter lassen sich die Laune vom Shietwetter nicht trüben. Was also tun, wenn der Wolkenbruch ausgerechnet während Ihres Städtetrips eintritt? Hamburg bietet viele schöne Alternativen zur Hafenrundfahrt. Hier kommt eine kleine Auswahl von Möglichkeiten, die Stadt trotz strömenden Regens zu erkunden.

Planetarium: Mit dem zentralen Standort im Stadtpark bietet das Planetarium eine wundervolle Anlaufstelle für Groß und Klein bei gutem und schlechtem Wetter. Der ehemalige Wasserturm wurde bis 2017 aufwendig renoviert und bietet mit seiner hochmodernen technischen Ausstattung einmalige Einblicke in unser Sonnensystem. Entdecken Sie den Kosmos im Herzstück des Planetariums - den Sternensaal. Als eines der ältesten Sternentheater weltweit dient das Planetarium heute als Begegnungsstätte für Kultur und Wissenschaft. Zudem bietet die Aussichtsterrasse in 40 Metern Höhe eine wundervolle Aussicht über Hamburg.

Bitte beachten Sie, dass Sie 20 Minuten vor Beginn der Vorstellung anwesend sein müssen. Nach Beginn der Show ist leider kein Einlass mehr möglich. Eine Anreise ist über die U3 Haltestelle Borgweg oder dem Bus 179 bis Stadtpark (Planetarium) möglich. Von dort sind es ca. drei Minuten Fußweg bis zum Planetarium. Parkplätze für die Anreise mit dem PKW finden Sie im Linnering oder in der Otto-Wels-Straße. Von dort sind es fünf Minuten Fußweg.

Planetarium Hamburg – Linnering 1 – 22303 Hamburg

Eintritt 2 D Veranstaltung Erwachsene 11 EUR | Kinder 7 EUR | Ermäßigung mit Hamburg CARD

Eintritt 3 D Veranstaltung Erwachsene 12,50 EUR | Kinder 9,50 EUR | Ermäßigung mit Hamburg CARD

Kramer-Witwen-Wohnungen: Geschichte erleben - das geht in den historischen Kramer Amtswohnungen. Die letzte Wohnhofanlage in Hamburg kann in der Nähe des Michels besucht und besichtigt werden. Lediglich eine Kramer-Witwen-Wohnung ist für Besucher zugänglich und das letzte Zeugnis der beengten Wohnsituation Hamburgs im 17. Jahrhundert. Die sogenannten Kramer waren Kleinhändler und schlossen sich zu einer Zunft zusammen. Für die Witwen verstorbener Handelskollegen wurden die kostenlosen Wohnungen zur Verfügung gestellt, damit diese die Ladengeschäfte ihrer verstorbenen Gatten freigaben und neue Händler einziehen konnten. Die Wohnung ist mit Möbeln aus dem 19. Jahrhundert ausgestattet. Entfliehen Sie dem Regen und fühlen Sie selbst, wie das Wohnen früher war.

Kramer-Witwen-Wohnungen – Krayenkamp 10 – 20459 Hamburg

Eintritt: Erwachsene 2,50 EUR | Kinder frei | Ermäßigung mit Hamburg CARD

JUMP House: Der etwas andere Vergnügungspark in Hamburg Stellingen. Deutschlands erste Trampolinhalle öffnete 2014 seine Türe für Springbegeisterte. Auf über 3000 m² sorgen Spaß, Action und Höhenflüge für ein Erlebnis der besonderen Art. Im großen Hauptfeld mit 52 Trampolinen verbringen Sie hier an trüben Tagen Stunden voller Spaß mit der ganzen Familie. Die Ninja-Box stellt Ihre athletischen Fähigkeiten auf drei Hindernisparcouren auf die Probe. Können Sie vielleicht die Bestzeit schlagen und JUMP House Ninja werden? Spielen Sie lieber Dodgeball, Basketball oder Völkerball, so gibt es dafür extra Spielfelder. Natürlich alle auf einem Trampolin. Wer sich lieber im Kampf messen möchte, ist in der Battle Box genau richtig.

Die Tickets für Springzeiten können bequem online gebucht werden. Für den kleinen und großen Hunger bietet das hauseigene Bistro viele Möglichkeiten, eine kurze Pause einzulegen. Bei heißen und kalten Snacks und Getränken können Sie entspannt im Eingangs- und Aufenthaltsbereich oder an einem der Tische in der Aktionshalle Platz nehmen. Weitere Informationen finden Sie unter www.jumphouse.de/hamburg

JUMP House Trampolinpark Hamburg-Stellingen – Kieler Str. 572 – 22525 Hamburg

60 Minuten Springvergnügen 13 EUR | einmalig 3 EUR für rutschfeste JUMP-Socken

Therme: Schlechtwetter ist eine gute Gelegenheit, um kurz zur Ruhe zu kommen und die Seele baumeln zu lassen. Warum nicht die Zeit nutzen, um sich in einem Badehaus einmal so richtig verwöhnen zu lassen? Sehr empfehlenswert ist die Bartholomäus Therme in der Nähe der Außenalster zwischen den Stadtteilen Barmbek-Süd und Uhlenhorst. Bei einer Wassertemperatur von 32 °C können Sie einmal so richtig abschalten und sich von einer der 32 Massagedüsen durchkneten lassen. In einer entspannten Atmosphäre können Sie in dem architektonisch prachtvollen Bauwerk einmal so richtig abschalten. Außerdem bietet die Therme zwei Aromabäder an, die zur Erholung einladen. Das Eukalyptus-Bad mit einer Wassertemperatur von 45 °C und das Blütenbad mit einer Wassertemperatur von 40 °C. Im hauseigenen Bistro können Sie den aufkommenden Hunger stillen oder eine Tasse Kaffee genießen. Zur Reinigung von Körper und Geist empfiehlt sich die Kaminsauna, die bei 100 °C so richtig einheizt oder das Römische Schwitzbad, das mit 60 °C wohltemperiert ist. Ein anschließendes Bad im Kalttauchbecken macht das Spa-Erlebnis perfekt. Wer noch ein paar Bahnen schwimmen möchte, kann dies in einem separaten Teil des Bades tun. Dabei sind Sie vor allem morgens ungestört.

Bartholomäus-Therme – Bartholomäus Straße 95 – 22083 Hamburg

Eintritt für den ganzen Tag Therme 10,60 EUR | Sauna inkl. Therme 18 EUR | Kinder haben keinen Zutritt

Kunsthalle Hamburg: Drei markante Gebäude wurden mit der Zeit zu einem der bedeutendsten und größten Kunstmuseen Deutschlands. Die Kunsthalle Hamburg besteht aus dem Backsteinhaus, gebaut 1869, einem Gebäude aus Muschelkalkstein, fertiggestellt 1919 und dem weißen Würfel, welcher 1997 eingeweiht wurde. Eine aufwendige Modernisierung, die im Mai 2016 ihren Abschluss fand, verbindet die drei Unikate zu einem großen Komplex. In der Kunsthalle, die direkt an der Binnenalster liegt, findet Kunst aus 8 Jahrhunderten ihren Platz. Die Sammlung „alte Meister" präsentiert Kunst aus dem 15. – 18. Jahrhundert. Der Fokus liegt auf norddeutsche mittelalterliche Malerei. Namen wie Jean-Laurent Mosnier, Goya und Rembrandt haben ihren festen Platz in der Ausstellung. In der nächsten Sammlung wird die Entwicklung der Kunst des 19. Jahrhunderts dargestellt. Von Romantik und Realismus bis hin zum Impressionismus zeugen Skulpturen und Bilder vom Geist der Zeit. Die Sammlung der klassischen Moderne zeigt Kunst von 1900 – 1960.

Auch die Kunst der Gegenwart findet besondere Beachtung in der Kunsthalle. Nachdem Sie die Kunst der Gegenwart bewundern konnten, folgt das Kupferstichkabinett. 130.000 Zeichnungen, Druckgraphiken und Fotografien stellt die Entwicklung der gesamten Kunstgeschichte dar. Damit ist es eine der größten Sammlungen der Welt.

Kunst ist keineswegs langweilig. Im Hamburger Kinderzimmer für Kunst werden die Kleinsten spielerisch an die Kreativität herangeführt. In dem interaktiven Teil der Kunsthalle können Skulpturen zusammen mit Eltern und Großeltern zusammengesteckt und ausgestellt werden. Die Wanderkarte führt dann in die Sammlungen der Kunsthalle.

Bei einem Besuch im Museumscafé „Das Liebermann" können Sie all die gewonnen Eindrücke auf sich wirken lassen und den Geist der künstlerischen Freiheit intensiv spüren. Bitte beachten Sie, dass ein Besuch im Café nur mit Museumsticket möglich ist.

Im Café-Restaurant „The Cube", welches sich in der Galerie der Gegenwart befindet, können Sie einen wundervollen Blick auf die Stadt und die Alster werfen. Ein Besuch des Restaurants ist auch ohne Ticket möglich.

Glockengießerwall 5 – 20095 Hamburg

Eintritt Erwachsene 14 EUR | Kinder unter 18 Jahren frei | Ermäßigung mit Hamburg CARD

Musical-Hauptstadt: Seit nun mehr 15 Jahren ist das weltbekannte Musical „Der König der Löwen" das erfolgreichste und wohl atemberaubendste Musical, das es je in Hamburg gegeben hat. Mit der ersten Sekunde wird das Publikum in seinen magischen Bann gezogen. Sobald der Gesang einsetzt, fühlen Sie die aufgehende Sonne im Herzen Afrikas und tauchen vollends in die Geschichte ein. Packen Sie Taschentücher ein und genießen Sie einen wundervollen Abend im Stage Theater Hamburg direkt an den Landungsbrücken. Bevor es in das Theater geht, erwartet Sie eine herrliche Überfahrt mit der Fähre, bei der Sie sich den Wind um die Ohren pusten lassen können.

Neben „Der König der Löwen" werden Stücke wie „Pretty Woman" und „Tina – Das Tina Turner Musical" aufgeführt. Auch zahlreiche kleinere Produktionen wie das Hamburg-Musical oder Gastaufführungen runden das kulturelle Musikangebot der Stadt perfekt ab.

Hätten Sie es gewusst? Die Hamburg Tourismus GmbH bietet zahlreiche Kombiangebote an, in der die gewünschte Musicalshow, die Übernachtung im Hotel inkl. Frühstück und die Hamburg CARD für 3 Tage enthalten sind. Ein Preisvergleich lohnt sich besonders, damit Sie das ein oder andere Schnäppchen abgreifen können.

SEHEN UND STAUNEN

Miniatur Wunderland Hamburg: Hamburg ist eine Stadt der Superlative. Da stellt der Besuchermagnet in Form des Miniaturwunderlandes keine Ausnahme dar. Ein Meisterwerk ohne Gleichen und ein Muss bei einem Besuch in Hamburg und der Speicherstadt ist die größte Modelleisenbahn der Welt. Die größte Touristenattraktion Deutschlands präsentiert auf einer Ausstellungsfläche von über 1.500 m² neun Welten und jede einzelne fasziniert mit unglaublichen Details. Mehr als 17 Jahre und über 800.000 Arbeitsstunden wurde in den Bau des Wunderwerks investiert und sicherte sich damit einen Platz im Guinnessbuch der Weltrekorde als größte Modelleisenbahn der Welt. Mehr als 21 Millionen Euro flossen bereits in das Projekt und ein Ende ist noch nicht in Sicht. Auf 15,4 km Gleise fahren die Züge durch die Miniwelt im Maßstab 1:87. Der längste Zug in der Modellwelt hat eine Länge von 14,5 m.

Die Länder Italien, Schweiz, Deutschland, Österreich, Skandinavien und Amerika wurden mit ihren unverwechselbaren Merkmalen detailgetreu nachempfunden. Entdecken Sie den Grand Canyon, die Hamburger Landungsbrücken, ein DJ-Bobo Konzert mit über 21.000 Besuchern oder das Schloss Neuschwanstein und das alles an einem Ort. Das Auge kann so viele Details bei einem Besuch vermutlich gar nicht erfassen.

350 Mitarbeiter sind für den Bau und den Erhalt der Anlage verantwortlich und kümmern sich um einen reibungslosen Ablauf hinter den Kulissen.

Nicht nur die Landschaft aus Europa und Amerika dienten den Erbauern als Inspiration. In der Miniaturstadt Knuffingen stellen die Konstrukteure und Künstler ihr Können und ihre Fantasie unter Beweis. Der Knuffingener Airport ist der größte Miniaturflughafen der Welt. Im Minutentakt starten und landen die Flugzeuge und faszinieren mit der besonderen Technik. Tauchen Sie ein in diese fantastische kleine Welt und entdecken Sie das Alltagsleben von über 265.000 kleinen Bewohnern. Vielleicht entdecken Sie dabei Lucky Luke, Batman und viele andere bekannte Gesichter?

Das Miniaturwunderland zieht täglich wahre Menschenmassen in den Bann. Für spontane Besucher kann die Wartezeit schonmal bis zu 3 Stunden betragen. Sorgen Sie also vor, indem Sie Ihre Tickets bereits im Voraus bestellen. Diese können Sie sich zu

Hause ausdrucken und entgehen den langen Warteschlangen, die vor allem bei Regen sehr unangenehm sind.

Hätten Sie es gewusst? Das Miniaturwunderland bietet viele Sonderveranstaltungen, zum Beispiel eine faszinierende Führung hinter die Kulissen, an. Ein Blick in den Veranstaltungskalender lohnt sich in jedem Fall. Wenn Sie dann die Tickets im Voraus buchen, steht dem entspannten Vergnügen nichts mehr im Weg.

Miniaturwunderland Hamburg – Kehrwieder 2 / Block D – 20457 Hamburg

Eintritt: Erwachsene 15 EUR | Kinder 7,50 EUR | Ermäßigung mit Hamburg CARD

Speicherstadt: Das 40. UNESCO Weltkulturerbe ist die Hamburger Speicherstadt inklusive Kontorhausviertel und Chilehaus. Mit einer Größe von 26 Hektar ist es der größte Lagerhauskomplex der Welt. Ein Ausflug in das geschichtsreiche Viertel birgt viele Entdeckungen. Das Miniaturwunderland liegt hier direkt neben dem Hamburg Dungeon. Ein besonderer Ort, um die Geschichte Hamburgs zu erleben. Dazu sollten Sie allerdings starke Nerven mitbringen, denn das Gruselhaus hält einige Überraschungen parat.

Auf der rechten Seite des Miniaturwunderlandes befindet sich die Speicherstadt Kaffeerösterei. Liebhaber kommen hier auf ihre Kosten und können den Röstvorgang von erlesenen Kaffeebohnen verfolgen oder sich bei einer Kaffeeverkostung in das ferne Lateinamerika kulinarisch verführen lassen.

Neben den zahlreichen Fleeten und Brücken gehört auch das Wasserschloss zum Erscheinungsbild der Speicherstadt. Vor allem bei Nacht verzaubert der Anblick des heutigen Teekontors. Über 250 Teesorten und Gaumenfreuden bekommen Sie in der eleganten Gastronomie serviert. Sie finden das Wasserschloss in der Dienerreihe 4 in 20457 Hamburg.

Das Fleetschlösschen ist ein weiteres Hamburger Original. Am Brooktorkai gelegen, stillt das Bistro den kleinen Hunger und schenkt Ihnen in den Abendstunden ein schönes Glas Wein ein. Von hier aus ist es nicht weit bis zum Zollschiff und dem deutschen Zollmuseum. Hier werden über 1.000 Ausstellungsstücke präsentiert, die unglaubliche Geschichten von Markenfälschungen und

Schmuggelversuchen erzählen. Von der Antike bis in die Gegenwart wird die Entwicklung des Zolls nachgestellt. Faszinierend und lehrreich ist ein Besuch auf jeden Fall.

Weiter geht es im Kontorhausviertel. Kontor ist ein hanseatischer Begriff und bedeutet Büro. Zur Mittagszeit strömen die Angestellten auf der Suche nach dem ein oder anderen Snack durch die Straßen. Dabei sind sie keineswegs gestresst, sondern genießen das Treiben zwischen den beeindruckenden Backsteingebäuden. Hier sind viele kleine Manufakturen und exklusive Geschäfte zu finden. Ein Bummel unweit von der Mönckebergstraße lohnt sich besonders, wenn Sie gerne ausgefallene und individuelle Produkte erwerben.

Das Chilehaus ist ein weiteres architektonisches Meisterwerk im Zeichen des Expressionismus. Das Bürogebäude hat eine Nutzfläche von ca. 36.000 m^2 und steht seit 1983 unter Denkmalschutz. Wenn Sie durch den Torbogen gehen, erwartet Sie ein beeindruckender Innenhof, in dem viele Geschäfte ansässig sind.

Hätten Sie es gewusst? Ein besonderes Erlebnis ist ein Spaziergang nach Einbruch der

Dämmerung am Binnenhafen, vorbei an der Speicherstadt und entlang der Elbe. Gerade im Winter findet das Nachleben überwiegend drinnen statt und es herrscht eine faszinierende Stille am Hafen. Die beleuchtete Stadt sorgt für unvergessliche und romantische Momente.

St. Michaelis Kirche: Das Wahrzeichen Hamburgs mit einer unglaublichen Geschichte stellt die evangelische Kirche St. Michaelis dar, die liebevoll „der Michel" genannt wird. Insgesamt drei Mal wurde der Michel neu gebaut. 1669 wurde der erste Bau fertiggestellt. Damit war der Michel die fünfte Hauptkirche der Stadt Hamburg und die Neustadt bekam ihre eigene Kirche. Doch 1750 traf ein Blitz den Kirchturm und steckte diesen in Brand. Die Löscharbeiten blieben erfolglos, sodass die Kirche komplett niederbrannte. Der Michel wurde neu errichtet und 1786 fertiggestellt. Das zweite Mal fing der Kirchturm im Jahr 1906 Feuer, als Lötarbeiten die aus Holz bestehende Konstruktion entflammte. Auch hier brannte das Bauwerk bis auf die Grundmauern nieder. Der Wiederaufbau wurde stark diskutiert. Dennoch setzten sich Befürworter des Wiederaufbaus und die Bevölkerung der Stadt durch, sodass 1912 die Kirche der Öffentlichkeit wieder zur Verfügung stand. Während des zweiten Weltkrieges wurde Hamburg stark bombardiert. Der Kirchturm allerdings überstand den Angriff unbeschadet. Lediglich das Kirchenschiff trug Schäden davon.

Ein wirklich einzigartiges Erlebnis ist der Nachtmichel. Der Aufstieg auf den hohen Turm des Michels wird schon am Tage mit einer herrlichen Aussicht über die Hansestadt und den Hafen belohnt. Doch bei Nacht entfaltet die Stadt ihren wundervollen Zauber und der Hafen zeigt sich im romantischen Lichtschein. Anders als bei Tag ist die Fahrt nach oben nur mit dem Fahrstuhl möglich. Nicht immer ist eine Turmbesichtigung bei Nacht möglich. Die genauen Öffnungszeiten finden Sie unter www.nacht-michel.de. Sie erhalten zudem Zutritt zu dem Turmboden 9 inklusive historischem Flaschenzug, dem Hamburg-Film oder einem Ersatz-Turmboden. Bei Hintergrundmusik und einem Kalt- bzw. Heißgetränk nach Wahl können Sie auf einem der Sitzplätze das Panorama in der Dämmerung genießen.

Hätten Sie es gewusst? Während des Hamburger Winter-Doms im November und Dezember ist der Nachtmichel 45 Minuten länger, bis 23:15 Uhr, geöffnet. Ziehen Sie sich warm an und nutzen Sie die Gelegenheit, um das zauberhafte Feuerwerk vom höchsten Punkt der Stadt aus zu genießen.

Nachtmichel – Englische Planke 1 – 20459 Hamburg

Eintritt Erwachsene 10,50 EUR | Kinder 8,50 EUR | Ermäßigung mit Hamburg CARD

Hamburger Rathaus: Das Hamburger Rathaus ist kaum zu verfehlen, wenn Sie in Hamburgs Innenstadt umherschlendern. Hier findet der größte Weihnachtsmarkt des Nordens statt und das 111 Meter breite Gebäude wirkt beinahe magisch anziehend. Der große Rathausplatz ist Schauplatz des wöchentlichen Wochenmarktes. Im Rathaus selbst ist der Sitz des Senats und des Parlaments der freien Stadt. Das Gebäude wurde 1897 im Stil der norddeutschen Renaissance aus Sandstein fertiggestellt, nachdem es 1842 bei dem Hamburger Großbrand vollständig zerstört wurde. Halbstündlich sind Führungen durch das wunderschöne Gebäude möglich. Vor allem bei Schlechtwetter ein besonderes Highlight, das Sie sich nicht entgehen lassen sollten. Das Gebäude beherbergt über 647 Zimmer und die einzelnen Säle sind einen Besuch wert. Bestaunen Sie den Bürgermeistersaal, den Phoenixsaal und den großen Festsaal und lassen Sie sich von ihrer Geschichte in Staunen versetzen.

Führung: Erwachsene 5 EUR | Kinder kostenlos | Ermäßigung mit Hamburg CARD

Jungfernstieg: Der wohl schönste Startpunkt für eine ausgelassene Shoppingtour ist der Jungfernstieg. Direkt an der Binnenalster liegt dieser historische Platz. Damals gingen hier Mütter mit ihren unverheirateten Töchtern, also Jungfern, am Sonntag spazieren. Der Jungfernstieg mitten im Herzen der Innenstadt dient noch heute als zentraler Treffpunkt. Die Binnenalster lädt zum Entspannen in einem der vielen Cafés ein und die Fähren warten darauf, Ihnen das wundervolle Gewässer vom Boot aus zu zeigen.

Dabei passieren Sie die Lombardsbrücke. Sie trennt die Binnenalster von der Außenalster. Schwäne schwimmen über das blaue Nass und lassen Sie vergessen, dass Sie sich in einer der größten Hafenstädte der Welt aufhalten. Die Binnenalster ist mit 3 Metern nicht besonders tief. Im Winter friert das Binnengewässer bei ausreichenden Minusgraden zu, sodass die Gelegenheit gerne genutzt wird, die Schlittschuhe auszupacken und ein paar Runden zu drehen.

Nicht nur das nächste Einkaufszentrum ist von hier aus wunderbar zu erreichen. Auch diverse Sehenswürdigkeiten wie das alte Rathaus, der Gänsemarkt oder Stadtpark sind nur ein paar Minuten zu Fuß entfernt. Ein weiteres Highlight ist das MARKK Hamburg. Das ehemalige Museum für Völkerkunde beherbergt über 700.000 Objekte aus aller Welt, die darauf warten, von Ihnen bestaunt zu werden.

Hätten Sie es gewusst? Die Binnenalster enthält so viel Wasser, wie die Anwohner der Stadt Hamburg täglich verbrauchen. Stellen Sie sich an das Gewässer und staunen Sie bei einem Blick über das Wasser über die Menge.

Elbphilharmonie: Ein wahres architektonisches Meisterwerk ist die im Jahr 2017 eröffnete Elbphilharmonie - ein Konzerthaus der Superlative. Das Gebäude verbindet Tradition und Moderne und wurde nach der Eröffnung zum wahren Medienhit. Im Zentrum des Hafens liegt diese beeindruckende Konstruktion aus Glas. Im Großen Konzertsaal finden 2.100 Musikliebhaber Platz. Die Gäste erwartet ein Klangerlebnis der besonderen Art. Dafür sorgte einer der weltbesten Akustiker - Yasuhisa Toyota. Von jedem Winkel des Saals werden Sie von den wundervollen Klängen des Orchesters in eine andere Welt getragen. Das Konzept setzt das Orchester und den Dirigenten in die Mitte des Saals, das Publikum wird in mehreren Ebenen rundherum angeordnet. Damit entsteht das einmalige Konzerterlebnis, das Sie nie vergessen werden.

Auch wenn der Besuch eines Konzertes nicht auf Ihrem Programm steht, so finden Sie vielleicht die Zeit für eine der Hausführungen. Startpunkt ist das Besucherzentrum gegenüber der Elbphilharmonie, in das Sie sich 15 Minuten vor Beginn der Führung einfinden sollten. Nach Start der Führung können Sie nicht mehr daran teilnehmen und haben auch keinen Anspruch auf Rückerstattungen. Bei der Führung lernen Sie das einmalige Konzerthaus von einer ganz besonderen Seite kennen und erfahren mehr über die unglaubliche Geschichte des Wahrzeichens.

Bitte beachten Sie, dass es eine Sommerpause gibt und in dieser Zeit keine Führungen angeboten werden. Genauere Informationen entnehmen Sie bitte ww.elbphilharmonie.de/fuehrungen

Elbphilharmonie - Platz der deutschen Einheit 1 – 20457 Hamburg

Führung: Erwachsene 15 EUR | Kinder 15 EUR | nicht für Kinder unter 8 Jahren empfohlen

Inside Hamburg

EIN PLATZ FÜR DIE NACHT

Die Auswahl der richtigen Unterkunft spielt bei der Reiseplanung eine wichtige Rolle. Lassen Sie sich von drei exklusiven Insider-Tipps inspirieren, um die perfekte Übernachtungsmöglichkeit für Ihren Urlaub zu finden.

Agentur am Fischmarkt: Ein echter Geheimtipp ist die Agentur am Fischmarkt. Diese vermietet von einzelnen Zimmern mit Gemeinschaftsküche über ganze Lofts alles, was das Reiseherz begehrt. Mit ihrem Sitz in der Deichstraße liegt die Agentur sehr zentral und nur ein paar Minuten Fußweg von den Landungsbrücken entfernt. Dabei bietet die Agentur Unterkünfte in verschiedenen Stadtteilen an. Der Kontakt ist stets freundlich und immer hilfsbereit. Egal ob Yacht, Doppelzimmer, Einzelzimmer oder Appartements - hier finden Sie garantiert die richtige Unterkunft für jedes Budget. Die Schlüsselübergabe ist unkompliziert und die Zimmer sind komfortabel ausgestattet. Besonders empfehlenswert ist das Zimmer mit Fleetblick. Mit direktem Blick auf das Wasser und die Speicherstadt verbringen Sie hier garantiert angenehme und ruhige Nächte im Herzen Hamburgs.

Für weitere Informationen besuchen Sie www.agentur-fischmarkt.de.

Agentur am Fischmarkt – Deichstr. 21 – 20159 Hamburg – info@agentur-fischmarkt.de – (040) 890 00 890

Unterkunft: Einzelzimmer ab 41 EUR/ Nacht |Yacht Hanseat ab 168 EUR / Nacht

Hätten Sie es gewusst? In der Deichstraße entzündete sich am 5. Mai 1849 ein Großbrand. Entstanden ist dieser auf dem Dachboden eines Tabakwarenhändlers. Fast vier Tage wütete das Feuer und zerstörte mit den tosenden Flammen einen beträchtlichen Teil der Hamburger Innenstadt.

Das Raphael Hotel Wälderhaus: Ein beeindruckendes nachhaltiges Hotel, das schon mit seiner imposanten Holzfassade überzeugt. Auf der Elbinsel Wilhelmsburg liegt das 3-Sterne Haus. Direkt am Wilhelmsburger Innenpark übernachten Sie in einem der 82 Zimmer, die nach heimischen Baumarten benannt sind. Dabei haben Sie die Wahl zwischen einem Standard- oder einem Komfortzimmer. Gemütlich und naturnah in Verbindung mit modernster Technik verspricht das Nichtraucherhotel einen angenehmen und gesunden Aufenthalt.

Das Restaurant Wilhelms im Haus versorgt Sie unter der Woche von 6:00 Uhr bis 10:00 Uhr (am Wochenende von 7:00 Uhr bis 11:00 Uhr) mit einem reichhaltigen Frühstücksbuffet. Bis 23:00 Uhr ist das Restaurant geöffnet. Hier werden vor allem regionale und saisonale Speisen liebevoll zubereitet.

Die S-Bahn-Station befindet sich in unmittelbarer Nähe, sodass die Hamburger Innenstadt innerhalb weniger Minuten bequem erreicht werden kann.

Ein besonderes Highlight für Groß und Klein ist das Science Center Wald, das sich ebenfalls auf der Hotelanlage befindet. Erleben Sie die Vielfältigkeit und die Bedeutung des Waldes. Die verschiedenen Exponate zeugen von der Artenvielfalt des Biotops. Über 2.000 Fundstücke aus dem Wald werden im Science Center ausgestellt.

Das Raphael Hotel Wälderhaus – Am Inselpark 19 – 21109 Hamburg

Unterkunft Standardzimmer ab 84 EUR / Nacht | Komfortzimmer ab 104 EUR / Nacht

SCHLEMMEN IN DER HAFENSTADT

Der Magen knurrt und bei der wundervollen, aber auch anstrengenden Erkundung der Metropole, wird es irgendwann Zeit, sich eine Pause zu gönnen und etwas zu schlemmen. Bei über 4.000 Gastronomiebetrieben ist die Auswahl allerdings nicht ganz so leicht. Deswegen folgen nun drei exklusive Geheimtipps, um die Entscheidung etwas leichter zu machen.

Kaffee Stark: Wie könnte ein Tag besser starten als in guter Gesellschaft bei einer Tasse frisch gebrühten Kaffee? 100 % fair gehandelt, 100 % stark. Damit gibt das junge und urbane Café mitten in St. Pauli ein Versprechen, das sie auch halten können. Von 10 bis 13 Uhr, am Wochenende und Feiertagen sogar bis 15 Uhr, erhalten Sie hier ein reichhaltiges Frühstück. Neben Quiche, Toasts und Suppe werden auch hausgemachte Kuchen angeboten.

Street Art findet einen festen Platz im Kaffee Stark. Regelmäßig toben sich die Künstler an den Wänden aus. Die Atmosphäre erinnert an das heimische Wohnzimmer. Alle sind freundlich und freuen sich über Ihren Besuch in dem Café der besonderen Art. Zur späteren Stunde lädt das Ambiente zu einem

Glas Wein oder einem Kaffee mit Schuss ein, bevor Sie sich in das Nachtleben in St. Pauli stürzen. Wenn der Magen dann am nächsten Morgen nach einem Frühstück schreit, sind Sie ein gern gesehener Gast im alternativen und weltoffenen Kaffee Stark.

Kaffee Stark – Wohlwillstraße 18 – Stadtteil St. Pauli – 20359 Hamburg

Salt & Silver - Zentrale: Aus einem Restaurant werden zwei. Mit einem einzigartigen Konzept entführen Sie die Betreiber der Salt & Silver - Zentrale Joe und Cozy in die kulinarische Welt der Levante und lateinamerikanischen Küche. Rechts finden Sie das lateinamerikanische Restaurant. Von ihren Reisen inspiriert erzeugt das Konzept des „Family-Dinners" ein Gefühl der Zusammengehörigkeit. Die Gerichte werden in der Mitte des Tisches positioniert und jeder kann sich nach Lust und Laune bedienen. Dazu gibt es eine Flasche Wein aus einem fernen Land, der die kulinarische Reise perfekt abrundet.

Auf der linken Seite befindet sich das Levante Restaurant. Hier finden Sie eine großartige Auswahl exotischer Speisen, inspiriert vom östlichen Mittelmeerraum. Je nach Hunger können Sie hier Ihre Speisen selbst zusammenstellen. Neben Shawarma stehen auch Saibling und eine große Auswahl vegetarischer Gerichte auf der Speisekarte. Alle verwendeten Lebensmittel stammen aus dem Großraum Hamburg und aus nachhaltigen Betrieben. Wenn Sie sich nach einem Dinner der besonderen Art sehnen, sind Sie hier in der Salt & Silver - Zentrale wunderbar aufgehoben.

Da die Salt & Silver - Zentrale immer sehr gut besucht ist, empfiehlt sich eine Reservierung im Vorfeld. Unter https://saltandsilver.net/zentrale/ können Sie die Verfügbarkeit der Tische für die Anzahl der gewünschten Personen überprüfen und im Anschluss für sich reservieren.

Salt & Silver - Zentrale – St. Pauli Hafenstraße 140 | St. Pauli Hafenstraße 136-138 – 20359 Sankt Pauli

Old Commercial Room: Als Tourist in einer Hafenstadt ist das Fischbrötchen schon fast ein Muss. Soll es aber ein leckeres Fischgericht sein, dann ist das Old Commercial Room die richtige Adresse. Direkt beim bekannten Wahrzeichen Hamburgs, dem Michel, liegt das Restaurant ideal für eine Pause von der Sightseeing-Tour. Neben Fisch werden auch Fleisch und vegetarische Speisen angeboten. Nach

Belieben können Sie sich zwischen á la carte oder einem Menü entscheiden. Perfekt abgerundet wird der Besuch mit einer hervorragenden Auswahl an Weinen aus aller Welt.

Als eines der ältesten Lokalitäten der Stadt ist das Old Commercial eine echte Hamburger Marke. Es erfreuen sich Einheimische wie Prominente bereits seit 1795 an den hochwertigen Speisen. Die Liste der prominenten Besucher ist lang. Neben bekannten Musikern (Neil Diamond, Jon Bon Jovi) haben auch Politiker wie Willy Brandt oder Otto Schily sowie Schauspieler wie Sir Patrick Stuart und Kate Hudson das Old Commercial Room besucht und dort gespeist. Erleben Sie das echte Hamburg und genießen Sie einen Abend in diesem authentischen maritimen Restaurant.

Eine Reservierung vorab ist empfehlenswert. Über die Website oder telefonisch reservieren Sie sich Ihren Platz an einem der schönen urigen Tische.

Old Commercial Room – Englische Planke 10 – 20459 Hamburg – Tel: +49 (0)40 366 319

www.oldcommercialroom.de/reservierung/

Hätten Sie es gewusst? Labskaus ist eine Speise, die vor allem im Norden Europas zubereitet und verzehrt wird. Es besteht aus püriertem Pökelfleisch. Daher wurde es gerne von Seefahrern gegessen. Diese hatten häufig Probleme mit den Zähnen, verursacht durch Skorbut. Heute wird das Gericht in verschiedenen Varianten serviert. Neben dem Fleisch werden Rote Beete und Kartoffeln püriert und das Gericht mit Spiegelei und Gewürzgurken garniert.

GEHEIMTIPPS

Erkundungstour Michel – Portugiesisches Viertel – Hafen: Ein Geheimtipp unter Hamburgern ist der kleine Spaziergang, der am Michel im Stadtteil Hamburg Nordstadt beginnt. Nachdem Sie dort den Turm und die Krypta besichtigt haben, geht es direkt weiter in das bekannte Portugiesenviertel. Hier erwartet Sie eine kleine Reise durch die Küchen dieser Welt. Bei warmen Temperaturen stehen einladende Tische und Bänke vor den Lokalitäten und vermitteln ein Gefühl von Mittelmeer. Klassische Paella, frischer gegrillter Fisch oder Tacos lassen das fernwehgeplagte Herz höherschlagen. Einwanderer aus Portugal kamen in der zweiten Hälfte des 20. Jahrhunderts nach Hamburg und ließen sich in bezahlbaren Unterkünften in der Nähe des Hafens nieder. Dabei suchten sie ebenfalls nach einem neuen Wirkungskreis und fanden sich in der Gastronomie wieder. Der Name Portugiesenviertel entstand aus dem Umstand, dass viele gastronomische Betriebe überwiegend Speisen aus der iberischen Küche anboten. Heute finden Sie entlang der Dietmar-Koel-Straße etliche Bars, Restaurants, Bodegas und Bistros, die von Betreibern aus mehr als 15 Nationen geführt werden. Aber nicht nur Gastronomie finden Sie im Viertel. Auch Kunsthandwerker und Designer haben sich hier niedergelassen. Wahrlich ein Ort, an dem die Menschen, gleich welcher Herkunft, sich gegenseitig respektieren und Tür an Tür in Frieden wohnen und arbeiten. Das ist das weltoffene Hamburg wie Sie es nur glauben können, wenn Sie es selbst gesehen haben.

Wir verlassen jetzt die kleine Oase und gehen weiter Richtung Süden zu den Landungsbrücken. Hier stehen Sie nun am Hamburger Hafen und können die kleinen und großen Schiffe beim Ein- und Ausfahren beobachten. Wenn Sie wollen, besuchen Sie die „Rickmer Rickmers" oder entdecken den Hafen auf einer der vielen Fähren.

Turm der Nikolaikirche: Ein Zeuge der Zeit ist die St. Nikolaikirche zu Hamburg. Im zweiten Weltkrieg diente der höchste Kirchturm der Stadt als Orientierungspunkt für die Fliegerbomber der Operation „Gomorrha". Dementsprechend gering war die Motivation, die Kirche nach ihrer Zerstörung durch die Bomben wiederaufzubauen. Die Ruine sollte zum Mahnmal werden und an die Ursachen und Folgen des verheerenden Angriffs erinnern. Hier wird ein wichtiger Teil der Erinnerungsarbeit einer Stadt geleistet, die erheblichen Schaden während des 2. Weltkrieges genommen hat. Mit einem Museum in der ehemaligen Krypta leistet die Stiftung wichtige Aufklärungsarbeit und zeigt in einer Dauerausstellung das Ausmaß der damaligen Zerstörung sowie die Geschichte der ehemaligen Hauptkirche.

Heute steht eine Aussichtsplattform in 76 m Höhe und bietet einen wundervollen Blick über die Stadt. Hier befinden sich auch Aufnahmen aus der Zeit des Krieges, die die Zerstörung der Stadt verdeutlichen.

Mahnmal St. Nikolai – Willi-Brandt-Straße 60 – 20457 Hamburg

Eintritt für Museum und Aussichtsturm Erwachsene 5 EUR | ermäßigt 4 EUR | Kinder 3 EUR

Gängeviertel: Eine wahrlich versteckte Perle ist das künstlerische Gängeviertel. Versteckt zwischen Neubauten, Stahl und Glas werden Sie die kleine Gasse beim ersten Vorbeilaufen vermutlich übersehen. Die Wohnanlage wurde von Künstlern und Bewohnern vor dem Abriss bewahrt. Noch immer müssen viele historische Gebäude dem Abrisswahn der

Investoren weichen, um neue Bürokomplexe oder Wohnanlagen zu errichten. Das Gängeviertel ist ein Beispiel dafür, dass es auch anders geht. Heute ist das Viertel ein Treffpunkt für alle Menschen.

Die Wohnräume wurden aufwendig saniert und stellen heute einen wichtigen Bestandteil der Hamburger Künstlerszene dar. Mehr als nur ein Sozialprojekt - so sehen sich die Menschen im Künstlerviertel. Freundlich und weltgewandt zeigt sich die Straße von ihrer besten Seite. Schon beim Betreten der Gasse spürt man die alternative und bunte Lebensart. Das liegt vor allem an der Street Art. Die modernisierten Wohnräume bieten heute Platz für Konzerte, Lesungen und Partys. Ein Besuch beim Jupi Haus, dessen Fassade heute unter Denkmalschutz steht, wird ein ganz besonderer sein. Denn in der kleinen Bar gibt es keine Preisliste. Sie bezahlen den Preis, den Sie für angemessen halten. Die Barkeeper arbeiten ehrenamtlich, damit das Konzept funktioniert. Hier erleben Sie Hamburg von einer anderen Seite - direkt im Wohnzimmer eines ganzen Viertels.

Kommen Sie in die Gänge und erleben Sie ein ganz besonderes Lebensgefühl und die Menschen dieser fantastischen Stadt. In der Nähe vom Gänsemarkt stehen die Gebäude zwischen Valentinskamp, der Caffamacherreihe und der Speckstraße.

Gängeviertel – Valentinskamp 34 – 20355 Hamburg

Hätten Sie es gewusst? Das Gängeviertel war eines der ärmsten Orte in Hamburg. Durch den Bau der Speicherstadt und den immer größer werdenden Hafen wurden die Anwohner vertrieben und suchten nach bezahlbaren Unterkünften. Dementsprechend schlecht waren die Wohnbedingungen im Viertel und so brach 1892 die letzte große Cholera-Epidemie in Hamburg aus. Sie forderte 8.605 Todesopfer.

Shopping in der Mönckebergstraße: Ein eher offenes Geheimnis ist die Shoppingtour in der Mönckebergstraße. Mit einer Länge von 800 m führt die lange Passage vom Hamburger Hauptbahnhof bis hin zum alten Rathaus. Man kann die Straße kaum verfehlen. Vielleicht entdecken Sie ja den berühmten Wasserträger Hans Hummel bei Ihrem Bummel durch die historischen Geschäfte? In unmittelbarer Nähe befindet sich die Europa Passage. Ein gigantisches Einkaufszentrum, das auf fünf

Stockwerken über 120 Geschäften einen Platz für Waren aus aller Welt bietet. Das ein oder andere Souvenir lässt sich mit Sicherheit ebenfalls ergattern.

Stadtpark: Mit einer Größe von 150 Hektar lädt der Stadtpark Hamburg ihre Bewohner zum Verweilen ein. Früher wurde in der riesigen Anlage Wild gejagt. Heute treffen sich Sportbegeisterte und Sonnenanbeter in der grünen Oase. Auf dem Stadtparksee können Sie eine Runde Tretboot fahren und dabei die Aussicht auf das Wasser genießen. Ein echter Geheimtipp sind die Ententeiche in den Ecken des Parks. Hier können Sie den Trubel der Stadt hinter sich und die Seele baumeln lassen. Anschließend lädt das Café Sommerterrassen zu einer gemütlichen Tasse Kaffee mit einem herrlichen Blick ins Grün ein.

Für den kleinen Geldbeutel

UNTERKUNFT UND ESSEN

Mit einem kleinen Budget ist der Besuch der Hansestadt allemal möglich. Wir zeigen Ihnen in diesem Kapitel, wie Sie mit einem kleinen Einsatz das Maximum an Erlebnis herausholen können.

Hostel: Ein Geheimtipp ist das a&o-Hostel in Hamburg. An dem zentralen Standort Hamburg City vermietet das Unternehmen Einzel-, Doppel- und Mehrbettzimmer zu einem sehr günstigen Preis. Kinder schlafen im Zimmer ihrer Eltern übrigens kostenlos. In der Gemeinschaftsküche können Sie

Ihre Lebensmittel zubereiten und verspeisen. In Hostels versorgen Sie sich klassischerweise selbst. Zur Ausstattung gehört neben abschließbaren Schränken und Gratis-WLAN auch eine Waschmaschine. Außerdem gibt es eine Spielecke für die Kleinsten, für ein kurzes gemeinschaftlichen Spiel auch einen Billard- und einen Kickertisch. Unter https://www.aohostels.com/de/hamburg/hamburg-city-sued/ können Sie Ihre Unterkunft aussuchen und buchen.

Unterkunft: Mehrbettzimmer ab 9 EUR/ Nacht | Doppelzimmer ab 16 EUR / Nacht

Jugendherberge „Auf dem Stintfang": Die Jugendherberge „Auf dem Stintfang" liegt zentral an den Landungsbrücken und ist mit der S-Bahn-Linie 1 und 3 ohne Umstände zu erreichen. Eine Anfahrt mit dem PKW ist nicht empfehlenswert, da das Haus keine Parkplätze hat. Das nächste kostenpflichtige Parkhaus befindet sich in ca. 500 m Entfernung. Die Herberge bietet ein reichhaltiges Frühstücksbuffet an und legt damit den Grundstein für einen erfolgreichen Tag in der Hansestadt. Von hier aus erreichen Sie viele Sehenswürdigkeiten zu Fuß oder in ein paar Minuten mit der U-Bahn.

Unter www.jugendherberge.de/jugendherber-gen/hamburg-stintfang-523/portraet/ finden Sie weitere Informationen zur Unterkunft.

Jugendherberge Auf dem Stintfang – Alfred-Wegener-Weg 5 – 20459 Hamburg

Unterkunft: Mehrbettzimmer ab 22 EUR / Nacht | Zweibettzimmer ab 69 EUR / Nacht

Jugendherberge „Horner Rennbahn": Die Jugendherberge Horner Rennbahn liegt etwas außerhalb des Hamburger Zentrums, dafür ist die Lage aber nicht weniger schön. Direkt am Freizeitpark Horner Rennbahn gelegen, schauen Sie gleich nach dem Aufstehen ins Grüne. Trotzdem ist die Innenstadt innerhalb von 10 Minuten mit der U-Bahn erreichbar.

Steigen Sie bei einer Anreise mit der Bahn ab Hamburg Hauptbahnhof in die U-Bahnlinie U2 oder U4 bis zur Station Horner Rennbahn. Anschließend fahren Sie mit der Buslinie 23 oder 213 eine Haltestelle weiter bis Tribünenweg. Danach erreichen Sie die Jugendherberge nach ca. drei Minuten Fußweg. Eine Anreise mit dem PKW ist ebenfalls möglich. Das Gästehaus hat einen eigenen Parkplatz für PKW und Busse.

Die Jugendherberge Horner Rennbahn – Rennbahnstr. 100 – 22111 Hamburg

Unterkunft: Mehrbettzimmer ab 24 EUR / Nacht | Zweibettzimmer ab 72 EUR / Nacht

ElbeCamp: Ein besonderer Geheimtipp ist der Campingplatz ElbeCamp. Bereits ab 15,40 Euro pro Tag kann man hier mitten im Naturschutzgebiet im eigenen Zelt übernachten. Zudem werden Stellplätze für Wohnmobil und Wohnwagen vermietet. Die Benutzung der sanitären Anlagen ist inklusive. Am Falkensteinerufer gelegen können Sie hier den letzten Naturstrand Hamburgs erleben und die Seele im Rauschen der Elbe baumeln lassen. Für Wanderbegeisterte und Radler führt der Elbwanderweg, ebenso wie der Elberadweg, direkt am Camp vorbei.

Von hier aus ist das Treppenviertel in Blankenese, das Landhaus Michaelsen und der römische Garten entspannt zu Fuß oder mit dem Rad zu erreichen.

Bitte achten Sie bei einer Anreise mit dem Auto und Navigationsgerät darauf, dass Sie den Campingplatz über den Wittenbergener Weg anfahren.

Falkensteiner Ufer 101 – 22587 Hamburg

Unterkunft: Eigenes Zelt ab 15,40 EUR / Nacht | Wohnmobil klein ab 12,40 EUR / Nacht

Picknick an der Elbe: Wann haben Sie zuletzt Ihre Lieblingsdecke ausgebreitet und beim Verspeisen von mitgebrachten Leckereien den Schiffen beim Segeln zugesehen? Doch was gibt es Schöneres, als sich ganz zwanglos in den Sand am Strand von Oevelgönne zu setzen und zusammen mit seinen Liebsten einen wundervollen Nachmittag am Wasser zu verbringen? Packen Sie sich den Korb voll mit leckerem Obst und Gemüse, den ein oder anderen herzhaften Snack und eine Flasche Ihres Lieblingsweins und suchen Sie sich den schönsten Platz in Hamburg für das erlebnisreichste Dinner der ganzen Stadt. Wunderbare Plätze neben dem Strand bietet auch der Stadtpark oder Entenwerder.

Bistro „Kleine Pause": Im Stadtteil St. Pauli liegt die Fast-Food-Bar „Kleine Pause". Von morgens bis in die frühen Morgenstunden des nächsten Tages bekommen Sie hier von Frühstück über Pizza und Burger alles, was das hungergeplagte Herz begehrt. Dabei schont das Angebot vor allem den Geldbeutel. Hier bekommen Sie ein Frühstück schon ab 1,90 Euro.

Kleine Pause – Wohlwillstraße 37 – 20359 Hamburg

SEHENSWÜRDIGKEITEN

Der Hamburger Fischmarkt: Frühaufsteher aufgepasst! Echtes Hamburger Feeling erleben Sie auf dem weltweit bekannten Hamburger Fischmarkt im Stadtteil Altona. Der Fischmarkt hat eine sehr lange Tradition. Seit 1703 verkaufen hier Händler aus aller Welt ihre Waren. Immer sonntags öffnet der Markt seine Pforten für Besucher. Und nicht nur Fischliebhaber kommen hier auf ihre Kosten. Neben Fleisch, Obst und Gemüse werden hier auch Kleidung und Souvenirartikel angeboten. Während der Rest des Nordens noch in den Federn liegt, genießen Feierlustige vom Kiez ihr Frühstück in Form eines Fischbrötchens und erfreuen sich am bunten Treiben des Marktes. Direkt am Elbufer mit einer atemberaubenden Aussicht auf den Hamburger Hafen bieten die Marktschreier ihre Waren den Kunden an und machen den Fischmarkt zu einem Erlebnis der besonderen Art. In der Fischauktionshalle kann man währenddessen zu Jazz oder Rock ausgelassen tanzen.

Nach dem Besuch des Spektakels ist es nicht weit bis zur Park Fiction, zum Miniaturwunderland, dem Hamburg Dungeon oder dem Altonaer Rathaus.

Eine Anreise ist über die U3 Haltestelle Landungsbrücken, mit der S1 oder S3 Haltestelle Reeperbahn, mit der Buslinie 112 Haltestelle Fischmarkt, zu Fuß oder mit dem Fahrrad möglich. Der Markt empfängt seine Besucher vom 1. April bis 31. Oktober von 5:00 Uhr bis 9:30 Uhr. Ab dem 1. November startet der Markt erst um 7:00 Uhr und schließt um 9:30 Uhr.

Treppenviertel Blankenese: Wenn Sie sich in das fantastische Viertel Blankenese begeben, wird es Ihnen fast so vorkommen, als wären Sie im Mittelmeerraum gelandet. Mit den eindrucksvollen Villen begeistert das ehemalige Fischerdorf mit malerischen Gassen und alten Fischerhäusern. Kaum zu glauben, dass wir uns immer noch in Hamburg befinden. Wenn Sie die insgesamt 5.000 Stufen des Viertels erklimmen möchten, erwartet Sie eine wunderbare Aussicht auf die Elbe. Nebenbei entdecken Sie ein Dorf, das sich um den Süllberg niedergelassen hat.

Lassen Sie bei einem gemütlichen Spaziergang die Seele baumeln und genießen Sie den ruhigsten und malerischsten Stadtteil Hamburgs. Wenn Sie nicht so gut zu Fuß sind, empfiehlt sich eine Rundfahrt mit der „Bergziege". Die Einwohner von Blankenese nennen so die Kleinbusse, die Touristen durch das Viertel fahren. Mit der S-Bahn fahren Sie bis zur Haltestelle Blankenese. Oder warum nicht das schöne Wetter nutzen und mit der Fähre von St. Pauli bis zum Anleger Blankenese fahren?

Alter Elbtunnel: Der alte Elbtunnel, früher auch St. Pauli Elbtunnel genannt, ist ein wichtiges Stück Hamburger Geschichte. Als im Jahr 1911 der Tunnel in Betrieb genommen wurde, galt dieser als eine besondere technische Innovation. Als der erste Tunnel Europas unterquerte er die nördliche Elbe. Mit einer Länge von ca. 426 m verband er Steinwerder mit den Landungsbrücken und stellte damals eine wichtige verkehrstechnische Verbindung dar. Die Stadt setzte sich für den Erhalt des Tunnels als Teil der Hamburger Geschichte erfolgreich ein, sodass das Bauwerk 2013 unter Denkmalschutz gestellt wurde. Heute ist er ein fester Bestandteil des Hamburger Tourismus. Seit 1995 finden umfangreiche Sanierungsarbeiten in Millionenhöhe statt, um das Bauwerk zu erhalten. An den Landungsbrücken befindet sich ein Gebäude mit grüner Kuppel. Von hier aus gelangen Sie in den Tunnel und können diesen mit dem Fahrrad oder zu Fuß kostenlos durchqueren. Abenteuerlich ist der Abstieg auf jeden Fall, denn Menschen und Fahrzeuge werden in Fahrkörben in die Tiefe gebracht. Abschluss eines abendlichen Spaziergangs bietet die Aussicht auf die Hamburger Skyline, sobald Sie den Tunnel passieren.

Eine Durchfahrt mit dem Auto ist gegen eine Gebühr ebenfalls möglich. Dabei sollten Sie beachten, dass eine Fahrt mit dem Auto durch den Tunnel immer nur in eine Richtung möglich ist. Montags bis freitags von 8:00 bis 13:00 Uhr herrscht Einbahnstraßenverkehr von St. Pauli nach Steinwerder. Von 13:00 bis 18:00 ist eine Fahrt nur von Steinwerder nach St. Pauli möglich. Am Wochenende ist der Tunnel für Autos geschlossen.

St. Michaelis Kirche: Das Wahrzeichen Hamburgs ist ein ganz besonderes Highlight in der Hafenstadt. Das Kirchenschiff kann kostenlos besichtigt werden. Hier finden 2.500 Gläubige in den Gottesdiensten Platz und insgesamt fünf Orgeln sorgen für die musikalische Untermalung der Andacht. Für einen kleinen Betrag kann der Turm der barocken Kirche besichtigt werden. Hamburg CARD-Besitzer erhalten hier eine Ermäßigung. Der Aufstieg in den Kirchturm bietet einen wundervollen Panoramablick über den Hafen und die Stadt, den Sie sich nicht entgehen lassen sollten. Insgesamt 452 Stufen führen in den 132 m hohen Turm, vorbei an wunderschönen Kirchenglocken und der größten Turmuhr Deutschlands. Keine Sorge - ein Fahrstuhl sorgt ebenfalls für einen schnellen Aufstieg zum Aussichtspunkt.

Von April bis September findet immer samstags um 12 Uhr der sogenannte Orgelpunkt statt. Die vier großen Orgeln des Kirchenschiffes untermalen die Mittagsandacht mit einem wunderbar harmonischen Orgelspiel. Um eine Spende zum Erhalt der Kirche wird gebeten, der Eintritt ist ansonsten frei. Wer die Andacht besucht, bekommt einen Programmzettel. Auf diesem befindet sich ein TURM-SPITZE-Coupon, mit dem Sie den 10. höchsten aktiven Kirchturm der Welt vergünstigt besichtigen können.

St. Michaelis Kirche – Englische Planke 1 – 20459 Hamburg

Turmbesichtigung: Erwachsene 5 EUR | Kinder 3,50 EUR | Ermäßigung mit Hamburg CARD

Krypta mit Ausstellung und Film: Erwachsene 4 EUR | Kinder 2,50 EUR | Ermäßigung mit Hamburg CARD

SOUVENIRS DER BESONDEREN ART – FLOHMÄRKTE IN HAMBURG

Wenn Sie ein echtes Hamburger Souvenir mit nach Hause nehmen möchten, sollten Sie sich neben langweiligen Kühlschrankmagneten und der hundertsten bedruckten Tasse auf eine viel spannendere Suche begeben. Auf einem der unzähligen Flohmärkte, die in den Stadtteilen Woche für Woche stattfinden. Hier kommt eine kleine Auswahl an Märkten - einer außergewöhnlicher als der andere.

Flohschanze: Jeden Samstag finden sich Trödelbegeisterte auf der Schanze ein, um auf dem Flohmarkt rund um die alte Rindermarkthalle ein besonderes Schnäppchen zu ergattern. Selbst Temperaturen unter null Grad hält die Schnäppchenjäger nicht von ihrer Leidenschaft ab. Von 8:00 Uhr bis 16:00 Uhr bieten hier ausschließlich Privatpersonen ihren Trödel an. Neues wird hier nicht gern gesehen. Wenn Sie dann schon mal auf der Schanze sind, können Sie Ihren Bummel in der Marktstraße fortsetzen.

Flohschanze – Neuer Kamp 30 – 20357 Hamburg

FlohZinn: Jeden ersten Sonntag im Monat feiert der Stadtteil Wilhelmsburg ein Fest mit

Kulturflohmarkt. Für das leibliche Wohl wird mit Kaffee und Kuchen und international wechselnden kulinarischen Spezialitäten gesorgt. Livemusik und Lesungen machen das Stadtteilfest zu einer ganz besonderen Veranstaltung rund um die Wilhelmsburger Zinnwerke. Von 10:00 Uhr bis 18:00 Uhr haben Sie ausreichend Zeit, nach Ihrem neuen Lieblingssouvenir zu suchen.

FlohZinn – Am Veringhof 5-7 – 21107 Hamburg

Bücherflohmarkt: Der Traum eines jeden Bücherwurms erfüllt sich jeden Montag und Donnerstag in der Zentralbibliothek. Aussortierte Bücher finden ihren Weg in die Regale von Bücherliebhabern. Dabei wird jedes Genre abgedeckt, sodass für jeden etwas dabei sein wird. Die Bücher werden für je einen Euro angeboten. Der geringe Preis ist dabei keineswegs ein Zeichen für den Zustand der Bücher. Diese müssen meistens aus Platz- und weniger aus Qualitätsgründen die Bibliothek verlassen

Bücherflohmarkt – Hühnerposten 1 - 20097 Hamburg

Langschläferflohmarkt: In der HafenCity findet jeden letzten Samstag im Monat der Langschläferflohmarkt statt. Er öffnet seine Pforten ab 11:00

Uhr für seine Besucher. Bis 16:00 Uhr kann man hier ausgelassen trödeln. Die Nähe zur Speicherstadt ist geradezu ideal, um im Anschluss auf weitere Erkundungstour zu gehen.

Langschläferflohmarkt - Auf dem Überseeboulevard – 20457 Hamburg | Von April bis September

Flohdom Horner Rennbahn: Jeden Samstag öffnet die Horner Rennbahn die Türen für Schnäppchenjäger und Händler. Von 7:00 Uhr bis 15:00 Uhr kann auf der überdachten Anlage nach Lust und Laune gehandelt werden. Auf der Galopprennbahn stellen die Verkäufer auf einer Fläche von 20.000 m² sowohl Trödel als auch Neuwaren aus.

Flohdom Horner Rennbahn - Rennbahnstraße 96 – 22111 Hamburg

STADTRAD HAMBURG - ERKUNDEN SIE EINE WELTSTADT AUF DEM RAD

Wer gerne Städte erkundet und auf die Umwelt achten möchte, wählt öffentliche Verkehrsmittel, geht zu Fuß oder nimmt das Fahrrad. Die Mitnahme des eigenen Rades ist bei einer Anreise mit öffentlichen Verkehrsmitteln nicht sonderlich komfortabel. Mit dem innovativen Projekt StadtRAD Hamburg schließt die Stadtverwaltung eine wichtige Lücke in der Mobilität von heute.

App starten – Rad suchen – Rad ausleihen.

So einfach ist die Mobilität in Hamburg. In Kooperation mit der Deutschen Bahn kann man mit Hilfe der App bequem sein Rad an einer beliebigen Station ausleihen und an einer anderen Station wieder abgeben. Das Beste daran ist, dass die ersten 30 Minuten kostenfrei sind. Entdecken Sie Hamburg auf eine ganz andere Art und Weise und genießen Sie die Rundfahrt.

Preise für die Ausleihe (Stand Mai 2019):

1.-30. Minute	kostenfrei
Ab 31. Minute (pro Minute)	0,10 Euro
Tagespreis 1 Fahrrad (24 Stunden)	15,00 Euro

Für weitere Informationen besuchen Sie https://stadtrad.hamburg.de

Eine Radtour durch Hamburg - da gibt es unzählige Möglichkeiten. Sie können bequem alle Sehenswürdigkeiten mit dem Rad erreichen. Wenn Sie eine Radtour planen, wie wäre es dann mit der ca. 18 km langen Tour entlang der Alster? Sie starten am bekannten Rathausmarkt im Zentrum Hamburgs. Wenn Sie das Rathaus noch nicht gesehen haben, dann ist jetzt der richtige Zeitpunkt dafür. Von dort aus geht es weiter über die Lombardsbrücke. Ein wunderschönes Bauwerk, das an die frühere Trennung von Außen- und Binnenalster erinnert. An der Alster entlang geht es weiter über den Hanseatenweg direkt in den Alsterpark. Gönnen Sie sich eine Pause und genießen Sie den Anblick des wundervollen Grüns inmitten einer der größten Hafenstädte der Welt. Weiter geht es über die Heilwigstraße zum

Hayns Park, benannt nach einem Bürgermeister der Stadt, der dort einen Landsitz besaß. Folgen Sie der Alster weiter Richtung Norden und besuchen Sie die letzte Station der Tour - den Alsterdorfer Markt. Immer freitags findet hier der Wochenmarkt statt, der auf jeden Fall einen Besuch wert ist. Von 10:00 Uhr bis 18:00 Uhr bieten hier Händler aus der Region ihre Waren an.

Übersicht Tour: Rathausmarkt – Lombardsbrücke – Alsterpark – Hayns Park – Alsterdorfer Markt

Wann sehen wir uns in Hamburg?

So sind wir also schon am Ende unserer gemeinsamen Reise durch diese wundervolle Stadt im Norden. Es gibt hier unendlich viel zu entdecken und unendlich viel zu erleben. Jeder Besuch bringt neue Eindrücke und kein Erlebnis ist wie das andere in dieser weltoffenen und herzlichen Stadt. Während in der Schanze gerade das Nachtleben erwacht, sind Sie vermutlich bereits auf der Heimreise und schauen verträumt den immer kleiner werdenden Lichtern des Hafens hinterher. Doch all die schönen Stunden, die sie in der Modellstadt, beim Bummeln durch Gänge und dem Bestaunen der Sehenswürdigkeiten verbracht haben, werden Sie niemals vergessen. All die lieben Menschen, mit denen Sie beim Frühstück ins Gespräch kamen, bleiben in Ihrer Erinnerung.

Jede Reise findet ihr Ende im heimischen Wohnzimmer, wenn Sie nach der schönen - aber anstrengenden Zeit - den Schlüssel in die Wohnungstür stecken und all die vertrauten Gerüche aufnehmen und den Kopf endlich wieder auf dem heimischen Kissen betten.

Die Sehnsucht wird jedoch nicht lange auf sich warten lassen. Die Einzigartigkeit und der Charme dieser faszinierenden und außergewöhnlichen Stadt schleichen sich langsam in das Herz eines jeden Besuchers. Das Fernweh nach dem Tor zur Welt lässt sich kaum in Worte fassen.

Vielleicht sehen wir uns eines Tages wieder. In einem der Cafés unserer großartigen Stadt und Sie erzählen mir von Ihren Reisen.

Ahoi aus der Perle des Nordens und bis bald in Hamburg.

Packliste

Geld & Finanzen

O (evtl.) Auslandswährung
O Bargeld
O Bauchtasche
O Brustbeutel
O Bauchtasche
O EC-Karte
O Kreditkarte
O Notfall-Telefonnummern der Banken
O Portmonee

Hygiene

O Haarbürste / Kamm
O Deo (klein)
O Shampoo
O Kulturtasche
O Sonnencreme
O Taschentücher

O Reise-Zahnbürste und Zahnpasta
O Verhütungsmittel

Kleidung

O Badeklamotten
O Gürtel
O Hosen kurz / lang
O Mütze / Cap / Hut
O Pullover
O Regenjacke
O Schlafanzug
O Socken
O Sonnenbrille
O Sportklamotten / Jogginghose
O T-Shirts
O Unterwäsche

Medikamente

O Blasenpflaster
O Anti-Durchfalltabletten
O Erste-Hilfe-Set

O Fiebertabletten

O Fiebertabletten

O Mückenschutz

O sonstige Medikamente

O Pflaster

O Kopfschmerztabletten

Unterlagen & Papiere

O ADAC Unterlagen

O Adresslisten für Postkarten

O Krankversicherungsnachweis

O Stadtplan

O Führerschein

O Unterlagen für die Unterkunft

O Wasserdichte Hülle für Reiseunterlagen

O Impfausweis

O Mietwagenunterlagen

O Personalausweis

O Reisepass

O Reisetagebuch

O evtl. Studentenausweis

O evtl. Visum
O Zug- / Bahn- / Flugticket

Taschen & Rucksäcke

O Koffer / Trolley / Reisetasche
O Regenhülle für Rucksack
O Rucksack

Schuhe

O Badeschlappen / Hausschuhe
O Schuhe und Wechselschuhe

Sonstiges

O Brille / Kontaktlinsen und Etui
O Buch zum Lesen
O Ohrenstöpsel und Schlafmaske
O Regenschirm
O Reisedecke
O Wasserflasche
O Wörterbuch

Elektronik

O Digitalkamera
O Handy
O Ladekabel
O Kopfhörer
O evtl. Steckdosenadapter
O Power-Bank

Herstellung und Verlag:

BoD – Books on Demand, Norderstedt

ISBN: 9783750493865

© Larissa Schüder 2020

1. Auflage

Kontakt: Psiana eCom UG/ Berumer Str. 44/ 26844 Jemgum

Covergestaltung: Fenna Larsson

Coverfoto: depositphotos.com

FSC
www.fsc.org

MIX

Papier aus ver-
antwortungsvollen
Quellen
Paper from
responsible sources

FSC® C105338